치과 의사
조향사

의학 계열
자연과학 계열

적성과 진로를 짚어 주는
직업 교과서 23

치과 의사&조향사

1판 1쇄 발행 | 2013. 7. 26.
1판 5쇄 발행 | 2017. 9. 22.

와이즈멘토 글 | 김은빈 그림

발행처 김영사 | **발행인** 고세규
등록번호 제 406-2003-036호 | **등록일자** 1979. 5. 17.
주소 경기도 파주시 문발로 197(우10881)
전화 마케팅부 031-955-3100 | **편집부** 031-955-3113~20 | **팩스** 031-955-3111

ⓒ 2013, 와이즈멘토

값은 표지에 있습니다.
ISBN 978-89-349-5994-6 74080
ISBN 978-89-349-5971-7 (세트)

좋은 독자가 좋은 책을 만듭니다. 김영사는 독자 여러분의 의견에 항상 귀 기울이고 있습니다.
독자의견전화 031-955-3139 | 전자우편 book@gimmyoung.com | 홈페이지 www.gimmyoungjr.com
어린이들의 책놀이터 cafe.naver.com/gimmyoungjr | 드림365 cafe.naver.com/dreem365

어린이제품 안전특별법에 의한 표시사항

제품명 도서 제조년월일 2017년 9월 22일 제조사명 김영사 주소 10881 경기도 파주시 문발로 197
전화번호 031-955-3100 제조국명 대한민국 ⚠주의 책 모서리에 찍히거나 책장에 베이지 않게 조심하세요.

적성과 진로를 짚어 주는
직업 교과서 23

의학 계열
자연과학 계열

치과 의사
조향사

와이즈멘토 글 | 김은빈 그림

주니어김영사

Contents

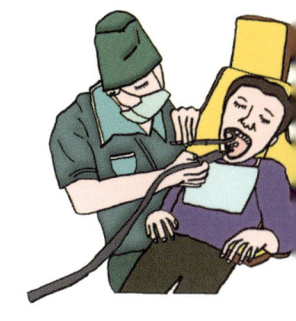

- 머리말_진로성숙도를 높여라!…10
- 진로 교육의 목표 & 이 책의 구성과 활용법…12

치과 의사

Step 1 치과 의사 이야기…18

Step 2 역사 속 직업 이야기…20

Step 3 치과 의사는 어떤 사람일까?…22
　★돌발퀴즈…23

Step 4 치과 의사는 무슨 일을 할까?…24
　★돌발퀴즈…27
　★비슷하지만 다른 직업…28
　직업 일기_치과 의사의 하루…30

Step 5 치과 의사의 좋은 점 vs 힘든 점…32
　★돌발퀴즈…33

Step 6 치과 의사는 어떤 능력이 필요할까?…34
　★돌발퀴즈…35

Step 7 치과 의사가 되기 위한 과정은?…36
　★돌발퀴즈…37
　직업 사전, 적합도 평가…38

Step 8 교사와 학부모를 위한 가이드
　적성&진로 지도…40
　직업 체험 활동…42

조향사

Step 1	조향사 이야기…46
Step 2	역사 속 직업 이야기…48
Step 3	조향사는 어떤 사람일까?…50 ★돌발퀴즈…51
Step 4	조향사는 무슨 일을 할까?…52 ★돌발퀴즈…54 ★세계적으로 유명한 향수 학교…56 ★여러 분야의 조향사…57 직업 일기_조향사의 하루…58
Step 5	조향사의 좋은 점 vs 힘든 점…60 ★돌발퀴즈…61
Step 6	조향사는 어떤 능력이 필요할까?…62 ★돌발퀴즈…63
Step 7	조향사가 되기 위한 과정은?…64 ★돌발퀴즈…65 직업 사전, 적합도 평가…66
Step 8	교사와 학부모를 위한 가이드 적성&진로 지도…68 직업 체험 활동…70 ·돌발퀴즈 정답…72

머리말

진로성숙도를 높여라!

진로 교육에서 가장 중요한 개념 중 하나가 '진로성숙도'입니다. 자신의 적성을 찾고, 그 적성이 잘 드러나는 직업 분야에 도달하는 과정을 설계하기 위해 필요한 요소들을 잘 알고 있는 정도를 '진로성숙도'라고 합니다.

예를 들어 볼까요?

초등학생인 A학생에게 꿈을 물어봤더니 '과학자'라고 답을 합니다. 중학생이 된 A학생에게 다시 꿈을 물었더니 이번에도 '과학자'라고 합니다. 고등학교로 진학한 A학생에게 꿈이 뭐냐고 물으니 여전히 '과학자'라고 답을 합니다. 이런 A학생은 일관된 꿈을 가지고 있다고 말은 하지만 사실은 진로성숙도가 높아지지 않는 상태입니다.

그렇다면 어떤 것이 진로성숙도가 높은 것일까요?

B학생에게 물어봤습니다. 초등학교 때 '과학자'라고 답을 합니다. 중학교 때는 '과학자가 되고 싶은데 핵물리학자'가 꿈이라고 이야기를 합니다. 고등학교 때는 '핵물리학자가 되어서 미국 NASA와 같은 곳에서 연구를 하고 싶다'라고 말을 합니다. 이렇게 점점 시간이 지날수록 꿈을 구체화하는 능력이 바로 진로성숙도입니다.

    많은 대학생이 명문 대학을 다니면서도 뭘 해야 될지 모르겠다고 합니다. 이렇게 방황하는 이유는 대부분의 학생들이 학습 능력은 키워 왔지만 진로성숙도는 키워 오지 않았기 때문입니다. 학부모나 교사들이 공부만을 강조했던 것이 아이의 행복에 오히려 독이 된 셈이지요.

    진로성숙도를 높이려면 다양한 직업에 대해서 알아보고, 각 직업에 대하여 나이에 맞게 조금 더 깊이 탐색해 보는 활동이 필요합니다. 그 활동을 가장 적합하게 도와주는 것이 바로 〈적성과 진로를 짚어 주는 직업 교과서〉 시리즈입니다. 이 시리즈가 우리 아이들이 보다 넓고 깊은 지식을 얻어 행복을 설계하는 능력을 갖추는 데 도움이 되기를 바랍니다.

와이즈멘토 대표이사
조진표

진로 교육의 **목표** & 이 책의 **구성과 활용법**

교육 과정에서 진로 교육의 목표는 '긍정적인 자아 개념을 형성하고 진로 탐색과 계획 및 준비를 위한 기초 소양을 기르는 단계'입니다. 즉, 현명한 진로 선택을 위해 자신감을 가지고 다양한 직업을 알아보며 꿈을 키워 가는 시기라는 말이지요. 무한한 가능성이 있는 시기이므로 많은 직업을 탐색하면서 좀 더 구체적으로 '나의 꿈, 나의 목표 직업'이 무엇인지 생각해 보는 것이 중요합니다.

교육부에서는 관심 있는 직업을 열 가지 이상 고르고 다양한 방법으로 정보를 수집해서 하는 일, 되는 방법 등 구체적인 정보가 담긴 직업 사전을 만들어 볼 것을 권장하고 있습니다.

더불어 꿈을 실현하기 위해 도움이 되는 과목이 무엇인지 알아보고, 체계적인 학습 계획을 세우고 공부 습관을 길러 나가는 것도 중요합니다.

초등~중학교에서 성취해야 할 진로 교육의 목표는 다음과 같습니다.

(교육부)

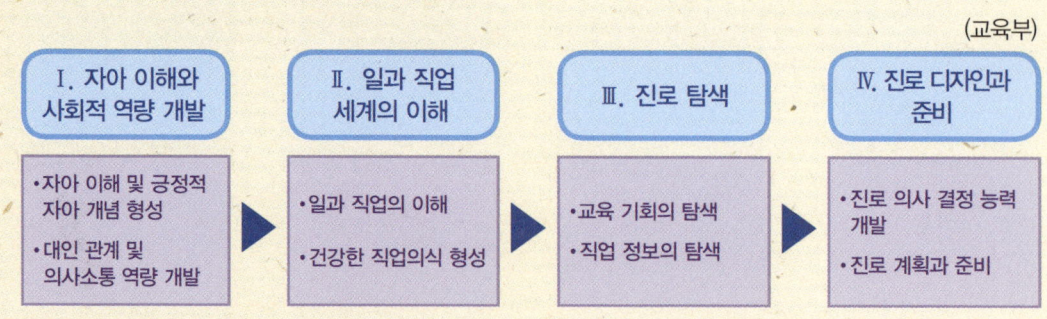

〈적성과 진로를 짚어 주는 직업 교과서〉는 진로 교육 목표에 맞춰, 초등학교와 중학교 과정에서 알아야 할 직업 정보를 직업 소개와 활동을 통해 자기 주도적으로 탐색할 수 있도록 구성했습니다.

❶ 진로 정보 탐색을 위한 본문 구성

Step 1·2 이야기	직업에 대한 호기심을 가질 수 있도록 한다.
Step 3 어떤 사람일까?	직업의 정의에 대해 알 수 있다.
Step 4 무슨 일을 할까?	직업이 갖는 다양한 역할에 대해 알 수 있다.
Step 5 좋은 점 vs 힘든 점	직업의 좋은 점과 힘든 점에 대해 알 수 있다.
Step 6 어떤 능력이 필요할까?	직업을 갖기 위해 필요한 능력들에 대해 알 수 있다.
Step 7 되기 위한 과정은?	중·고등학교, 대학교 과정 등 최종 목표 직업에 도달하기 위한 경로를 알 수 있다.

❷ 진로 디자인과 준비를 위한 본문 구성

Step 7 직업 사전	도서를 통해 탐색한 진로 정보를 바탕으로, 직업 사전을 구성할 수 있다.
Step 7 적합도 평가	직업에 대한 이해를 바탕으로 나에게 적합한 직업인지를 평가해서, 의사 결정을 내릴 수 있다.

❸ 학부모와 교사를 위한 본문 구성

Step 8 교사와 학부모를 위한 가이드 적성&진로 지도	해당 직업을 갖기 위해 도움이 되는 관련 교과목, 교과 외 활동을 소개하여 학습과 활동 설계에 도움을 받을 수 있다.
Step 8 직업 체험 활동	직업 체험 활동에 대한 정보를 얻을 수 있다.

〈적성과 진로를 짚어 주는 직업 교과서〉에는 다양한 활동이 들어 있습니다. 다음과 같이 활용해 보세요.

★직업 사전

아 직업이 나와 잘 맞는지 판단하기 위해서는 먼저 직업에 대해 충분히 이해하는 것이 중요합니다. 열심히 책을 읽고 난 후, 직업 사전의 빈칸을 채워 보면서, 자신이 직업에 대해 잘 이해했는지 점검해 보세요.

★직업 적합도 평가

직업에 대해 이해했다면 그 직업이 자신과 잘 맞는지 아닌지를 판단해야 합니다. 나와 직업이 얼마나 잘 맞는지 점검해 볼 수 있는 적합도 평가가 있습니다. 직업 사전의 항목을 꼼꼼하게 읽어 본 뒤에 자신과 잘 맞는지 아닌지 정도에 따라 별을 색칠해 보세요. 별의 개수로 점수를 매기고, 평가 기준표를 통해 자신과 직업의 적합도를 확인해 보세요.

★Tip

Tip은 본문의 내용을 잘 이해할 수 있도록 도와주는 역할을 합니다. 이해하기 어려운 단어를 쉽게 설명해 주기도 하고, 직업을 이해하는 데 같이 알아 두면 좋은 정보들이 들어 있습니다. Tip의 내용은 공부할 때 도움이 되는 배경지식이므로 그냥 넘어가지 말고, 꼼꼼하게 읽어 보세요.

★돌발퀴즈

책을 그냥 쭉 읽고, 나중에 직업 사전의 빈칸을 채우려면 어렵겠죠? 그래서 본문 중간중간에 중요한 내용들을 확인해 주는 돌발퀴즈가 있습니다. 처음에는 문제만 보고 답을 한번 맞혀 보세요. 잘 모르겠으면 다시 본문으로 돌아가 내용을 차근차근 읽어 보세요. 돌발퀴즈의 정답은 책의 맨 뒷장에 있습니다.

★교사와 학부모를 위한 적성 & 진로 가이드

교사와 학부모가 진로 지도를 할 때, 꼭 알아 두어야 하는 내용입니다. 아이들이 직업에 관심을 보일 때 어떻게 직업을 이해하도록 해야 하는지, 직업에 대해 아이들이 제대로 이해하고, 준비하기 위해서는 어떤 활동을 해야 하는지가 상세히 설명되어 있습니다.

더불어 학습 설계의 중점 과목을 통해 앞으로 어떤 과목을 중점적으로 공부해야 할지 확인하고, 학교에서 어떤 활동을 하도록 지도하면 좋은지 확인해 보세요. 아이와 함께하는 직업 체험 활동에서는 주말이나 방학을 이용해 할 수 있는 직업 체험 활동들을 자세히 소개하고 있습니다. 꼭 활용해 보세요.

자, 지금까지 진로 교육의 목표를 확인하고 책이 어떻게 구성되어 있고 어떻게 활용하는지 살펴보면서 직업 탐색을 위한 준비를 마쳤습니다. 그럼 본격적으로 직업 탐색을 위한 여행을 떠나 볼까요?

 의학 계열

치과 의사

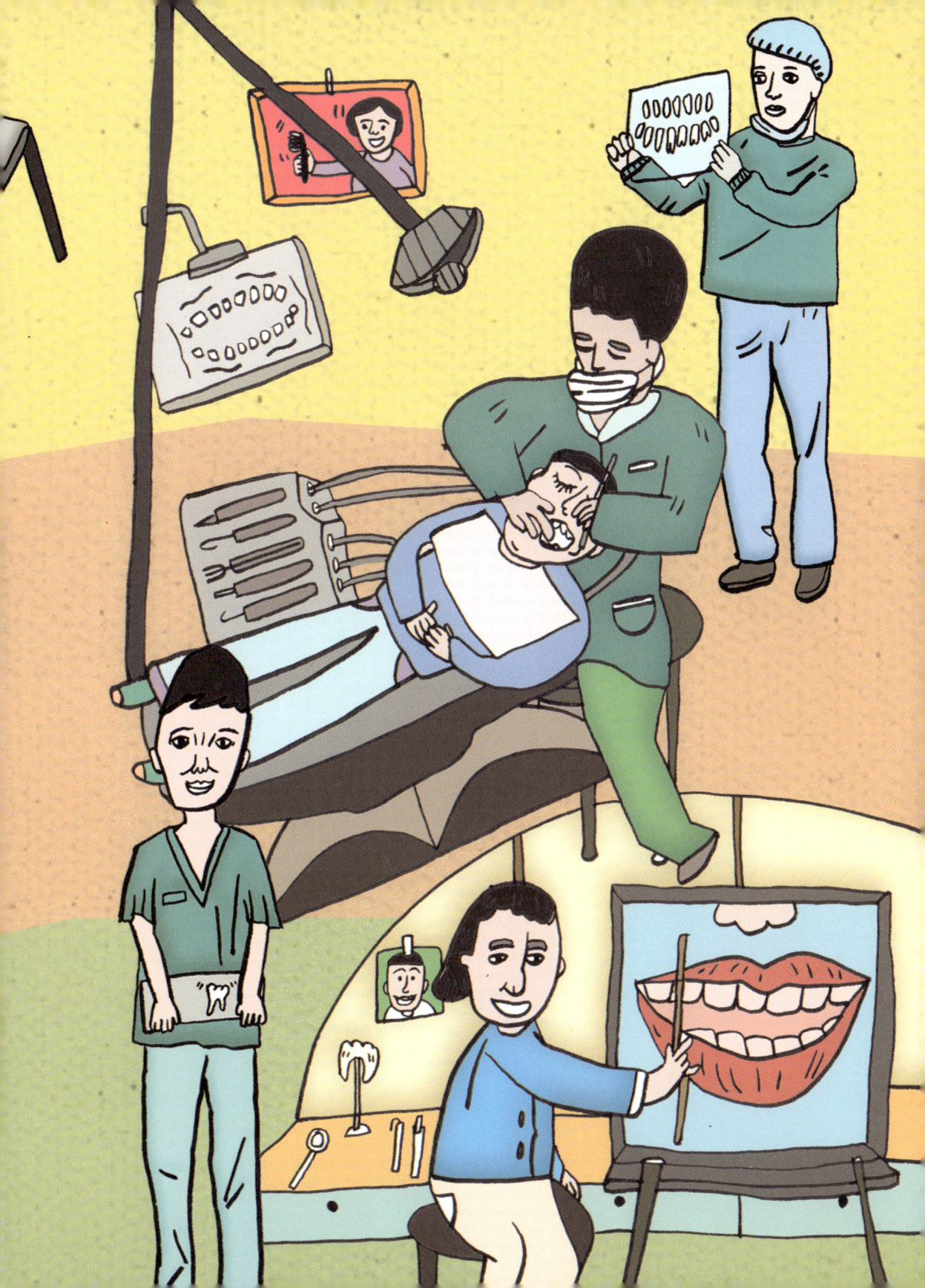

Step 1

치과 의사 이야기

냠냠. 먹음직스러운 고기와 야채가 듬뿍 들어간 요리나 달콤한 과자를 먹을 때 음식을 잘게 부숴 주는 역할을 하는 것이 있어요. 바로 치아입니다. 단단한 치아 덕분에 우리는 맛있고 영양가 있는 음식을 먹을 수 있지요. 또한 치아는 우리가 웃을 때 웃는 모습을 더욱 빛나게 해 줍니다. 하지만 잘 닦지 않으면 치아가 상해서 치료를 해야 하지요.

이렇게 소중한 치아를 관리해 주는 사람이 있어요. 바로 치과 의사입니다. 이제부터 치과 의사에 대해 자세히 알아볼까요?

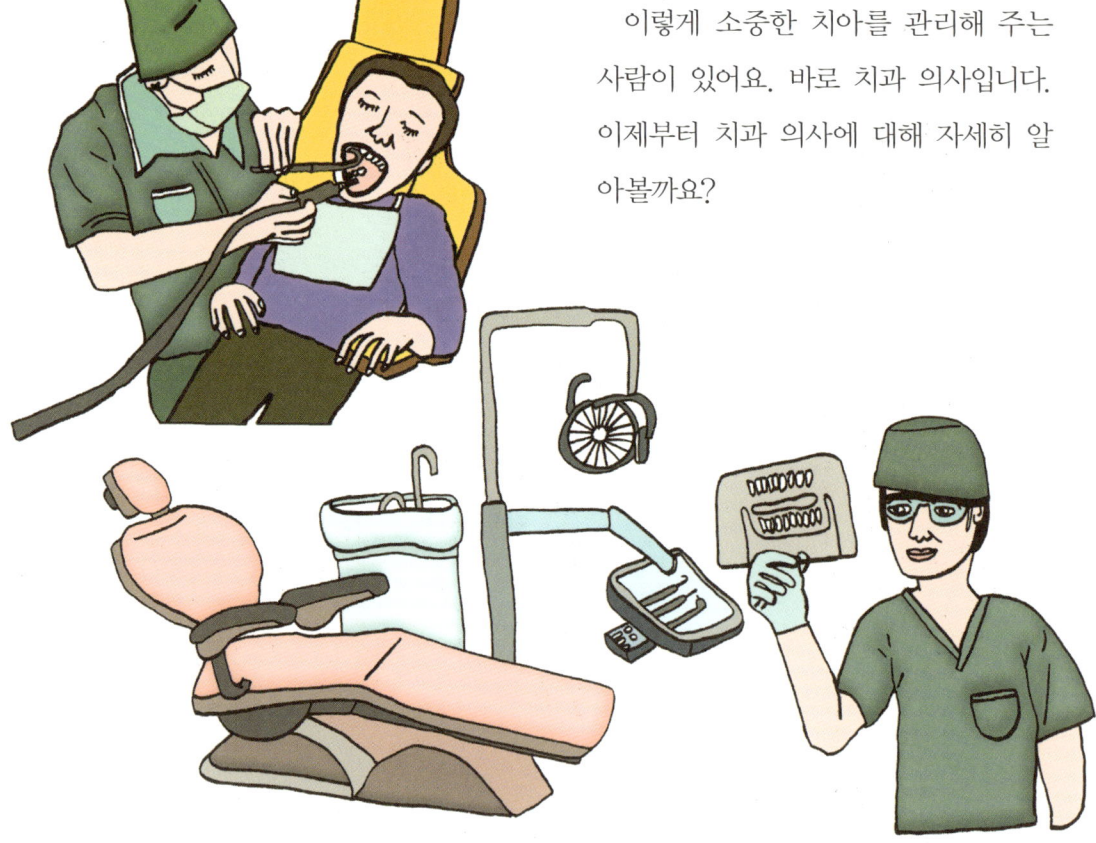

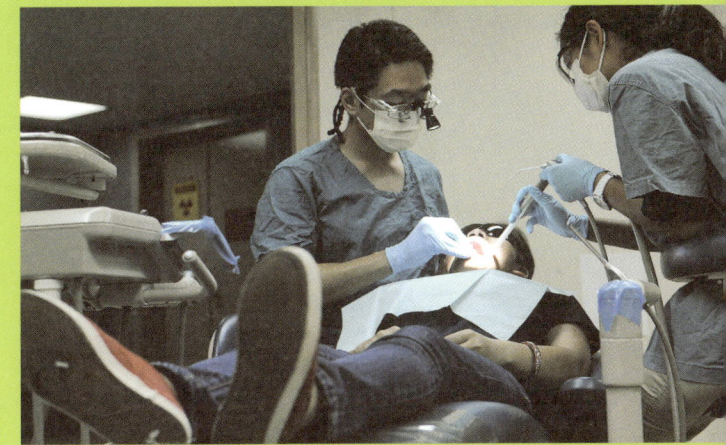

환자를 치료하는 치과 의사

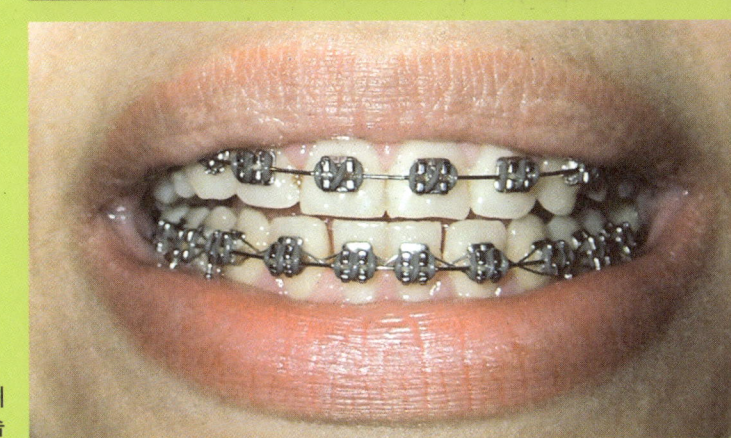

치아 교정을 위해 치아에
보철을 시술한 모습

구강 보건의 날 무료 진료를
하고 있는 치과 의사

역사 속 직업 이야기

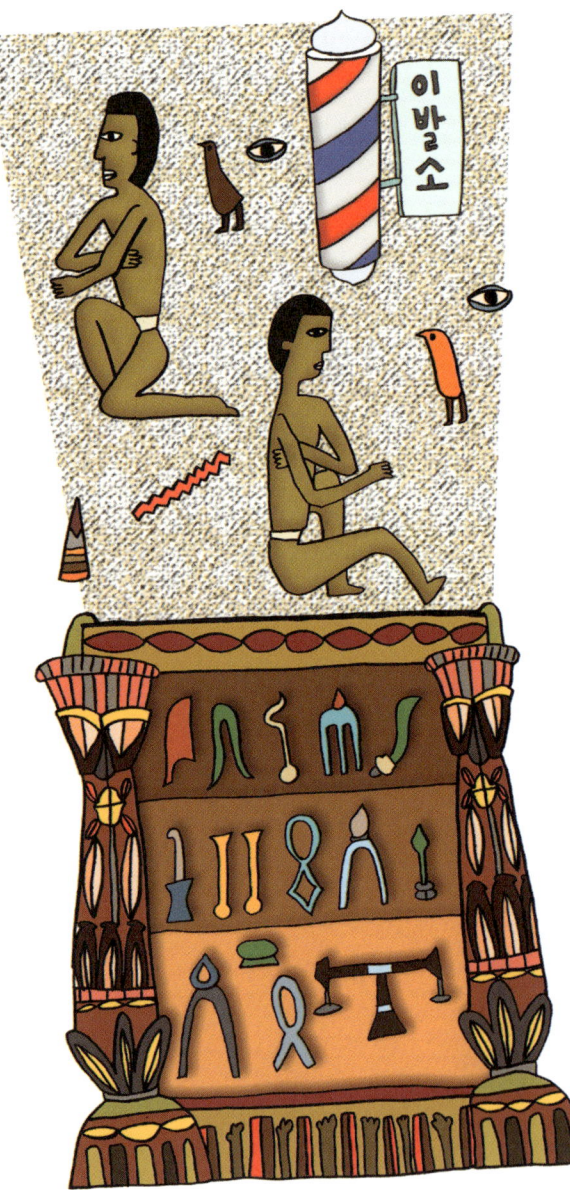

이발사와 치과 의사

"이가 튼튼한 것은 오복(五福) 중에 하나야."

어른들께 이런 말을 들어 본 적이 있나요? 이 말은 이가 튼튼한 것은 하늘이 주신 다섯 가지 복 중에 하나라는 뜻인데, 사실 오복 중에는 이와 관련된 내용이 들어 있지 않습니다.

오복에 포함되지는 않지만 우리 조상들은 이가 튼튼한 것을 큰 복 중에 하나라고 생각했어요. 그만큼 치아 건강이 우리가 살아가는 데 있어서 중요한 일이기 때문입니다.

그럼 이렇게 중요한 신체의 일부인 이가 아플 때 우리는 어디를 찾아가나요? 바로 치과입니다. 그렇다면 치과 치료는 언제부터 시작되었을까요?

고대 사회에서는 질병을 초자연적인 현상으로 여겨 의학적인 치료보다는 주술 행위로 병을 고치려는 경우가 많았어요. 그럼에도 불구하고 세계 각국에서 발견된 유물들 곳곳에 외과적인 치과 치료의 흔적이 남아 있습니다. 파피루스 기록을 보면 지금으로부터 4000년 전인 고대 이집트에 치과 전문 의사가 존재했던 것을 알 수 있습니다. 발굴된 사람의 두개골에서 치료의 흔적도 발견할 수 있지요. 이를 뽑는 것뿐 아니라 다양한 수술도 행해졌습니다. 이집트 미라의 입속에서도 여러 번 인공 치아가 발견됐지요.

고대 메소포타미아에서도 다양한 구강 치료가 이루어졌고, 함무라비 법전에는 치료에 실패할 경우의 형벌이 명확하게 규정되어 있을 만큼 이는 예나 지금이나 사람들이 소중히 여기는 신체의 일부라고 할 수 있습니다.

중세 시대에는 교회의 사제가 약물로 질병을 치료하는 내과 의사의 역할을 맡고 있었고 칼을 사용해 수술하는 외과 의사의 역할은 이발사 또는 이발 외과 의사(Barber Surgeon)가 맡고 있었습니다. 따라서 이를 뽑는 일을 이발사가 했지요. 치과 치료가 의학으로 인정받은 것은 근대에 치의학의 아버지라 불리는 프랑스의 치과 의사 피에르 포샤르가 등장하면서부터입니다.

그럼 우리나라에서는 언제부터 치과 진료가 시작되었을까요? 우리나라에서는 한의학과 민간요법을 이용해서 입에 난 구강병을 치료해 오다가, 1876년 개항 이후에 미국과 일본으로부터 근대적인 치의학이 도입되었습니다. 1885년 미국인 선교사 알렌이 제중원에서 이를 뽑는 시술을 한 것이 한국 근대 치의학의 시초라 할 수 있어요. 그 뒤로 치과 치료는 무궁무진한 발전을 하였고 지금 우리는 이가 아프면 언제든지 치과에 가서 치료를 받을 수 있는 세상에 살고 있습니다.

Step 3 치과 의사는 어떤 사람일까?

치아 및 구강 내 질환을 치료해 주고 예방해 주는 수호천사

치과 의사는 치아나 턱, 잇몸 등의 질병 및 질환을 진단하고 치료하는 것뿐 아니라 더 이상 질병이 생기지 않도록 예방하는 일까지 담당하는 사람입니다.

환하게 웃는 입속으로 보이는 하얀 치아는 우리 몸에서 아주 중요한 역할을 합니다. 치아가 없다고 생각해 보세요. 눈앞에 있는 맛있는 음식도 먹을 수 없을 것이고 먹는다고 해도 제대로 씹지 못한다면 너무 고통스러울 것입니다. 이런 일이 일어나지 않도록 치과 의사는 치과에 방문한 환자와 상담을 하고 상담을 통해 치아에 어떤 질병이 있는지 파악합니다. 치아 및 구강 내의 상태를 각종 검사를 통해 진단해 본 뒤, 진단 결과를 환자에게 설명하고 치료 계획을 세웁니다.

충치 치료 외에도 치과에서는 시린 치아를 치료하거나 치아에 생긴 치석이라는 찌꺼기를 제거하는 스케일링도 해 줍니다. 하얗고 예쁜 치아를 만들기 위해 미백 치료도 하고 가지런한 이를 만들기 위해 교정도 해 주지요. 잇몸의 염증 제거나 신경 치료 역시 중요한 치과 치료에 속합니다.

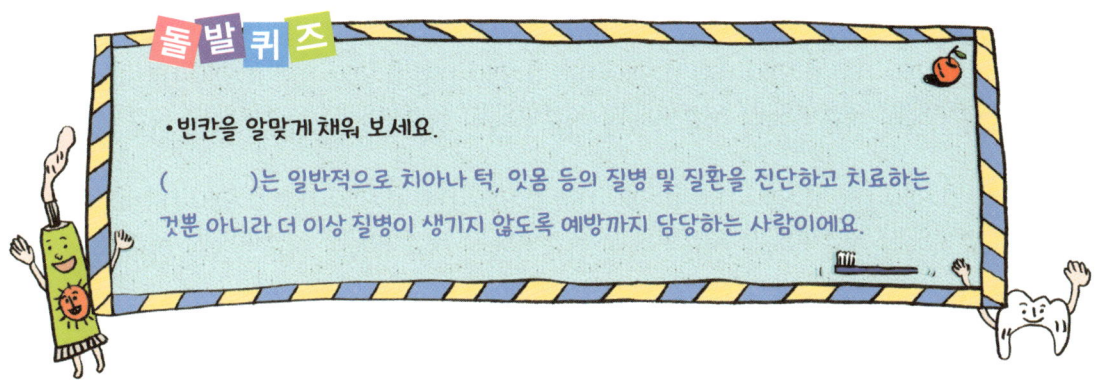

돌발퀴즈

• 빈칸을 알맞게 채워 보세요.

(　　　　)는 일반적으로 치아나 턱, 잇몸 등의 질병 및 질환을 진단하고 치료하는 것뿐 아니라 더 이상 질병이 생기지 않도록 예방까지 담당하는 사람이에요.

　발치란 치아를 제거하는 일을 말하는데 만약 발치를 하게 되면 그 자리에 인공 치아를 이식하는 치료도 해 줍니다. 또한 환자에게 어떻게 치아를 보존해야 하는지, 구강 건강은 어떻게 지켜야 하는지 조언하는 일도 치과 의사의 중요한 역할이지요.

구강 건강을 책임지는 보호자

　치과 의사는 치아와 구강 내 질환을 치료할 뿐 아니라 치아가 더 이상 상하지 않도록 구강 건강을 예방해 줌으로써 건강한 사회를 만들기 위해 노력합니다.

　고령화 사회가 되어 감에 따라서 구강 건강의 중요성이 점점 강조되어, 충치 치료 외에도 틀니나 임플란트(인공 치아 이식술) 치료를 받는 사람이 많아졌습니다. 더불어 안면 통증 치료나 변형된 턱을 교정하는 일도 치과 의사의 업무입니다.

치과 의사는 무슨 일을 할까?

치과 의사는 환자의 증상을 살피고 증상에 맞는 치료 방법을 결정해 치료하며, 국민의 구강 보건 향상을 위해 치과 질환을 예방하는 일을 합니다.

눈과 기구를 이용해 치아를 꼼꼼히 살펴봐요

환자가 병원을 방문하면 치과 의사는 가장 먼저 환자의 증상을 알아보기 위해 구강 속 치아를 구석구석 살펴봅니다. 또 환자의 말을 듣고 아픈 곳을 찾아 치료 방법을 생각하며, 눈으로 잘 보이지 않는 것들은 기계를 이용해 자세히 들여다봅니다. 치아를 치료하는 방법에는 여러 가지가 있기 때문에 어떤 치료를 할지 환자와 상의하고 환자가 더 편하게 생활할 수 있는 올바른 치료 방법을 제시합니다. 이가 아프면 음식을 제대로 씹을 수 없고 통증이 심해 일상생활을 제대로 할 수 없기 때문입니다.

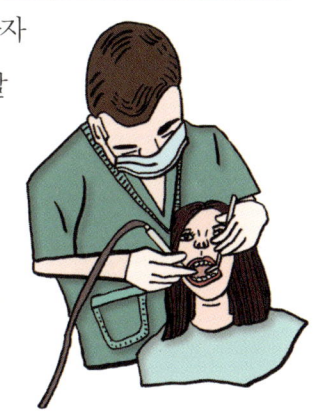

환자의 증상을 살펴 분석하고 치료 방법을 결정해서 치료를 해요

충치가 있는 사람, 사랑니를 뽑아야 하는 사람, 교정을 해야 하는 사람, 임플란트를 해야 하는 사람, 잇몸에 염증이 난 사람 등 치아에 병이 난 많은 환자가 치과를 찾아요. 치과 의사는 각 환자의 치아를 살핀 뒤 어떤 치료를 해야 하는지 결정합니다.

치과 의사는 충치나 손상된 치아는 신경 치료를 한 뒤 금이나 세라믹 등의 인공 장치물로 대치시켜요. 사랑니에 통증이 있는 사람은 사랑니를 뽑고 인공 치아를 심기도 합니다.

이를 잘 닦아도 치아에 쌓인 찌꺼기가 굳어 치석이 되기 때문에 치석을 제거하는 스케일링도 하고, 할아버지, 할머니처럼 치아가 없는 사람을 위해 틀니나 보철을 장착해 주기도 하지요. 그 외에도 손실된 치아 조직을 되살리기 위해서 엑스레이 검사 및 다양한 병리 검사를 거쳐 약물 치료도 하고 구강의 외과적인 수술도 담당합니다.

아름다움을 추구하는 사람들을 위해 치료를 해요

이가 삐뚤빼뚤해서 잘 웃지도 못하는 사람들이 있어요. 이가 고르지 못한 게 나쁜 것은 아니지만 예쁘지 않다고 생각하기 때문이에요. 그래서 사람들은 치아 교정을 통해 이를 가지런하게 만들고 싶어 합니다. 또한 아무리 예쁘고 잘생긴 사람이라도 누런 치아를 가지고 있다면 자신감이 없어지지요. 치과 의사는 그런 사람들을 위해 이를 하얗게 만들어 주는 미백 치료를 합니다.

치과 의사는 치아나 잇몸 등의 구강 외에도 위턱, 아래턱 등의 턱 안면 부위에 생길 수 있는 질환을 치료합니다. 요즘 미용을 위해 양악 수술을 하는 경우가 있는데 이 수술은 원래 아랫니와 윗니가 제대로 맞물리지 않아서 불편할 경우에 하는 수술입니다. 그러나 매우 위험한 수술이기 때문에 치료가 아닌 미용을 목적으로 하는 것은 좋지 않습니다.

> **Tip**
> 임플란트 : 인공 치아 또는 제3의 치아라고도 합니다. 없어진 치아에 인공 치아를 이식하는 것입니다.
> 스케일링 : 치석, 치아 착색물 등을 제거하고 치아 표면을 깨끗하게 하여 충치나 잇몸 질환을 예방, 치료하는 방법입니다.
> 보철 : 치아가 상해서 구멍이 나거나 결손이 생겨서 구강 기능이 떨어진 곳에 인공물을 보충해 기능을 회복하는 것입니다.

▎**치아가 또다시 상하지 않도록 치과 질환을 예방하는 일을 해요**

손상된 치아의 치료가 끝나면 올바른 칫솔질 방법이나 치실, 불소 사용법 등을 지도하여 치아가 더 이상 상하지 않도록 도와줍니다. 어른들 중에도 올바른 칫솔질 방법을 알지 못하는 사람이 많아요. 칫솔질만 잘해도 치아가 병드는 것을 예방할 수 있습니다. 이렇게 치과 의사는 치료 외에도 국민의 구강 보건을 위해서 애쓰고 있답니다.

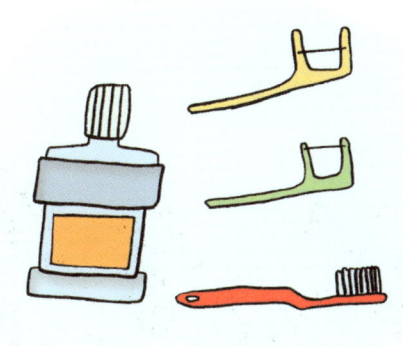

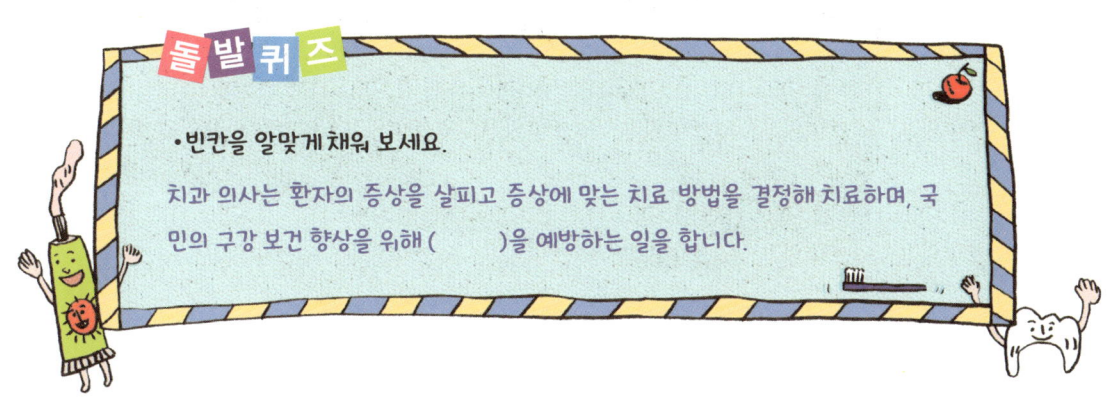

돌발퀴즈

• 빈칸을 알맞게 채워 보세요.

치과 의사는 환자의 증상을 살피고 증상에 맞는 치료 방법을 결정해 치료하며, 국민의 구강 보건 향상을 위해 (　　　)을 예방하는 일을 합니다.

" 비슷하지만 다른 직업 "

치과 기공사

치과 기공사는 치과 의사에게 치아에 문제가 있다고 진단을 받은 환자를 위해 필요에 따라서 교정 장치, 의치 등 치과 치료에 필요한 장착물이나 대체물을 제작, 수리, 가공하는 일을 하는 사람입니다.

치과 기공사가 되기 위해서는 전문 대학 및 대학교에서 3~4년의 교육을 받아야 하며, 졸업을 하면 치과 진료를 하는 병원이나 치과 기공소에 취업할 수 있습니다. 치과 기공사가 되려면 국가 고시를 치러야 하는데 1년에 한 번 전문 대학 이상 치과 기공과를 졸업한 사람에게 자격이 주어지고 이 시험에 합격하면 치과 기공사 면허를 취득할 수 있습니다.

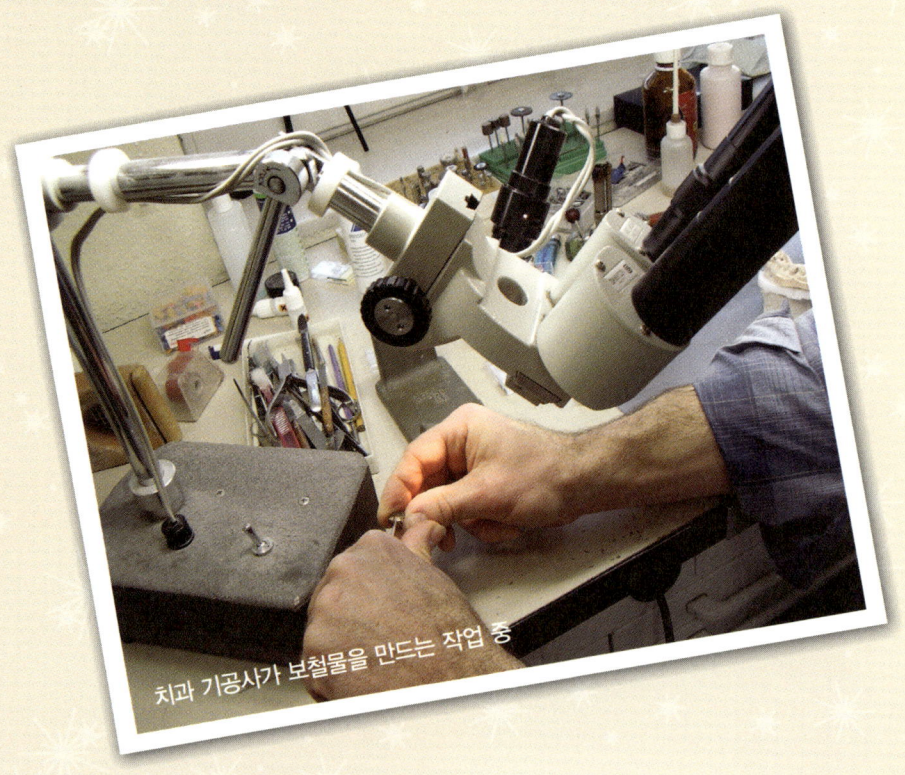

치과 기공사가 보철물을 만드는 작업 중

치과 기공사는 고령화 사회로의 빠른 진전으로 인해 건강에 대한 관심이 높아지고 있는 현대 사회에 꼭 필요한 직업으로 수요가 점점 증대되고 있습니다.

치과 위생사
치과 위생사는 치과 의사의 진료 또는 치료를 옆에서 도와주고 구강 관련 질환을 예방할 수 있도록 도와줍니다. 치과 위생사는 일단 환자의 구강 상태를 점검한 뒤에 방사선 촬영을 하거나 치과 의사가 수술할 때 옆에서 돕는 역할을 하지요. 그 외에도 행정적인 업무와 구강 건강 교육을 담당합니다.
치과 위생사가 되려면 전문 대학 및 대학교에서 치위생학을 전공하고 국가 자격 시험인 치위생사 시험에 합격해야 합니다.
섬세한 손놀림과 꼼꼼한 성격을 가진 사람에게 잘 맞는 직업입니다.

직업 일기
치과 의사의 하루

　오늘은 떼쟁이 미소의 치과 진료가 있는 날이다. 미소는 유치원에 다니는 귀여운 여자아이다. 치과라면 질색을 하는 터라 미소의 진료가 있는 날이면 긴장을 해야 한다.

　미소는 사탕과 초콜릿 같은 단 음식을 워낙 좋아해서 치아가 많이 상했다. 충치 때문에 이가 아파서 엄마가 치과에 데려왔는데 마스크를 쓴 내 얼굴만 봐도 울어 대는 통에 치료하기가 쉽지 않다. 그렇다고 치료를 안 할 수도 없고 참 난감한 상황이다. 울기만 하면 다행인데 입을 꼭 다물고 열지 않으니 도무지 치료를 할 수가 없다. 억지로 입을 벌릴 수도 없고……. 미소를 즐겁게 치료할 수 있는 방법이 없을까?

　먼저 치과 분위기를 바꿔 봐야겠다. 아이들이 치과를 무서워하는 이유는 대부분 소리 때문이다. 윙윙거리는 기계 소리에 아이들이 겁을 먹는 것이다. 미소는 뽀로로를 좋아하니까 뽀로로 노래를 들어 줘야겠다. 뽀로로 노래가 미소를 편안하게 해 줄 것이다.

　어느새 미소의 진료 시간이 되었다. 아니나 다를까 들어올 때부터 찡찡거리는 소리가 들린다. 간호사에게 미리 부탁하여 준비한 뽀로로 인형을 보자 미소의 얼굴이 환해졌다. 이런저런 질문을 하자 미소도 밝게 대답했다. 미소를 잘 달래서 뽀로로 인형과 함께 진료실에 들어갔다.

　그러나 역시 입을 꼭 다물고 열지 않았다.

　"미소야, 미소는 뽀로로 언니지? 언니가 뽀로로 앞에서 이렇게 언니답지 못한 모습을 보이면 되겠어?" 미소는 곰곰이 생각해 보는 표정이다.

　"음…… 뽀로로?"

　"그래, 미소가 언니니까 언니답게 씩씩하게 치료받아야지."

　미소는 천천히 입을 벌렸다. 뽀로로 노래와 함께 치료를 시작했다. 미소도 씩씩하게 치료를 받아 냈다. 치료가 끝난 뒤에 미소를 칭찬해 주었다. 미소가 나를 보고 빙그레 웃었다. 이렇게 떼쟁이 미소의 진료를 무사히 마치다니 뿌듯했다.

치과 의사의
좋은 점 vs 힘든 점

Step 5

좋은 점 : 치료를 받은 환자의 환한 미소를 보면 큰 보람을 느껴요

치아는 사람의 신체에서 매우 중요한 부분 중 하나입니다. 만약 이가 없거나 상해서 아프다면 맛있는 음식을 먹을 수 없어요. 또한 치열이 고르지 않거나 이가 누렇게 착색되었다면 환하게 웃거나 자신감 있게 이야기할 수 없게 되지요. 그래서 치과 의사는 상한 이를 치료해 먹고 싶은 음식을 먹을 수 있게 되었다고 웃는 환자를 보거나, 고르고 하얀 이를 갖게 되어 환하게 웃으며 자신 있게 이야기하는 사람을 보면 자부심을 느낍니다.

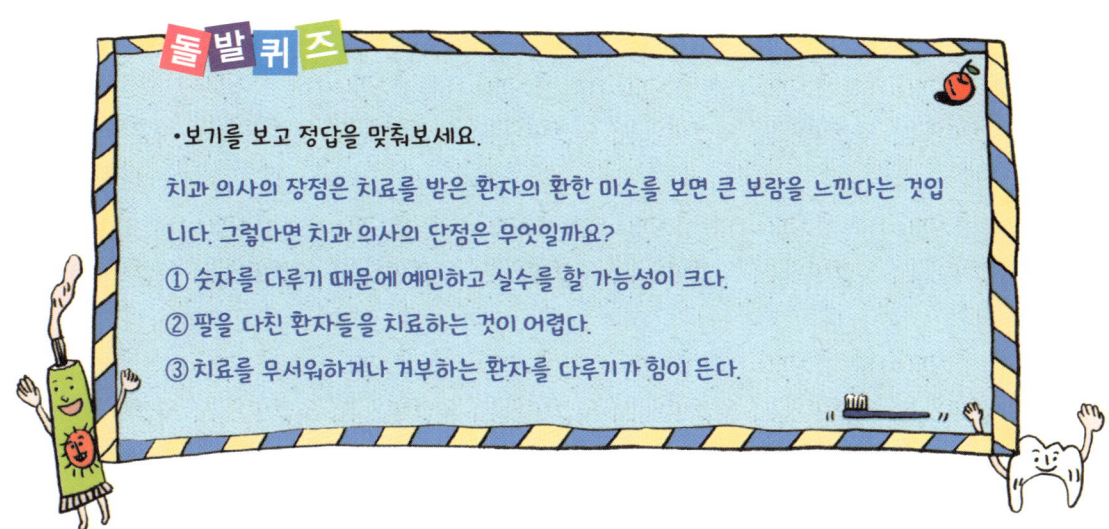

힘든 점 : 치료를 무서워하거나 거부하는 환자를 다루기가 힘들어요

　치과라는 말만 들어도 겁부터 먹는 사람이 많아요. 이렇게 치과 의사는 치과에 온 사람이 치료를 무서워하면서 울거나, 입을 꼭 다물고 벌리지 않으면 치료하는 데 애를 먹습니다. 또한 치과 치료를 하면서 통증을 참지 못하고 화를 내는 환자를 만나면 속이 상하지요. 그 외에도 환자의 작은 입속을 들여다보기 위해서 몸을 구부리고 진료하는 시간이 길기 때문에 눈과 허리, 어깨에 통증이 발생합니다.

Step 6

치과 의사는 어떤 능력이 필요할까?

정교함

　환자의 치아를 직접 손으로 치료하는 일을 하기 때문에 치과 의사에게는 꼼꼼하고 정교한 손동작이 요구됩니다. 또한 이를 뽑거나 치료할 때 치아를 잘못 건드리면 신경을 손상시킬 위험이 있고, 작은 실수도 환자의 통증과 연결될 수 있으므로 조심성 있고 정교한 성격이 필요합니다.

분석력

　치아가 손상된 원인과 현재의 상태를 의학적 지식을 바탕으로 정확하게 분석해야 합니다. 그래야 수많은 환자의 상태를 진단하고 그에 맞는 적절한 치료가 이루어질 수 있기 때문입니다.

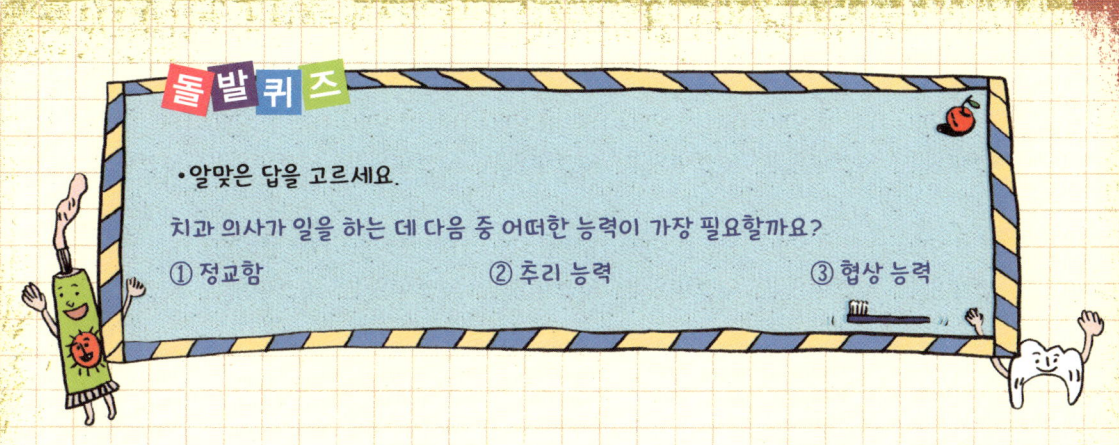

• 알맞은 답을 고르세요.
치과 의사가 일을 하는 데 다음 중 어떠한 능력이 가장 필요할까요?
① 정교함　　　　　② 추리 능력　　　　　③ 협상 능력

의사소통 능력

　치과 의사는 치과에 방문하는 수많은 환자를 만나며, 환자에게 정확한 질병의 원인과 상태를 알려 주고 치료 방법에 대해 설명해야 합니다. 그러기 위해서는 환자와 원활하게 대화할 수 있는 의사소통 능력이 필요합니다.

예술적 감각

　치과 의사는 손상된 이를 치료하는 것 외에도 치아를 교정하거나 하얗게 만들어 주는 심미적인 치료도 합니다. 그러기 위해서는 비율이나 색감에 대한 예술적 감각이 필요하지요.

Step 7 치과 의사가 되기 위한 과정은?

졸업 후
(개인 병원, 종합 병원 근무)

중·고등학교
(일반 고등학교 이과)

관련 자격증
(치과 의사 면허)

대학교 : 자연 계열
(치의예과, 치의학과)

중·고등학교

치의학은 의학적 지식을 기반으로 하는 직업이기 때문에 중·고등학교 때 자연 계열의 공부를 열심히 해야 합니다. 과학 공부를 중점적으로 하는 이과를 고려하는 것이 좋아요.

대학교

치과 의사가 되려면 치과 대학에 입학해야 합니다. 이 과정을 거친 후에 한국보건의료인국가시험원에서 주최하는 치과 의사 국가 면허 시험에 합격하면 치과 의사가 될 수 있어요.

졸업 후

치과 의사 자격을 취득한 후에는 치과 개인 병원을 열거나 종합 병원에 취직해서 진료를 할 수 있어요. 하지만 개인 병원을 여는 비율이 거의 80퍼센트 이상을 차지합니다.

관련 자격증

치과 의사 면허(치과 의사 국가 면허 시험)

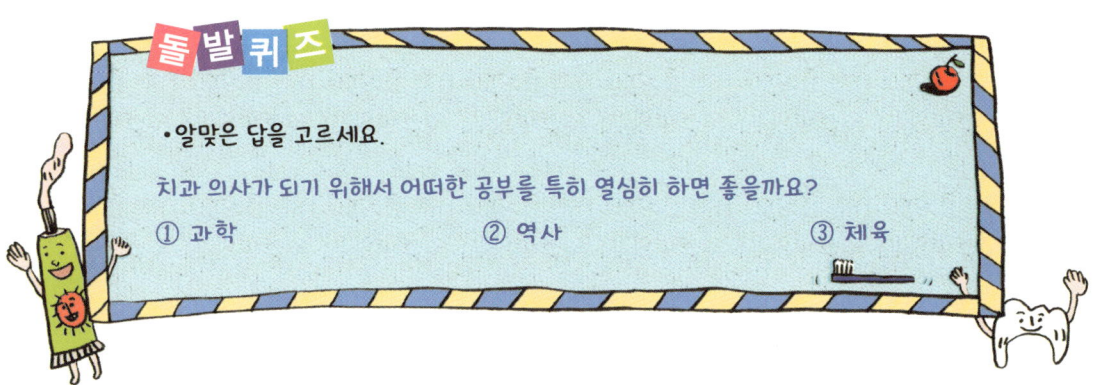

직업 사전, 적합도 평가

치과 의사라는 직업이 나와 얼마나 어울릴까?

❖ ( ) 안에 돌발 퀴즈의 답을 적어 넣으면 직업 사전이 완성됩니다.

치과 의사	직업 사전	직업 적합도		
		항목	평가	점수
정의	( )는 일반적으로 치아나 턱, 잇몸 등의 질병 및 질환을 진단하고 치료하는 것뿐 아니라 예방까지 담당하는 사람입니다.	치과 의사라는 직업 자체에 얼마나 흥미가 있나요?	☆☆☆☆☆	/ 5
하는 일	치과 의사는 환자의 증상을 살피고 증상에 맞는 치료 방법을 결정하여 치료하며, 국민의 구강 보건 향상을 위해 ( )을 예방하는 일을 합니다.	치과 의사가 하는 일에 얼마나 흥미가 있나요?	☆☆☆☆☆	/ 5
장단점	치료를 받은 환자들의 환한 미소를 보면 큰 보람과 자부심을 느낀다는 장점이 있어요. 하지만 치료를 ( )를 다루기 힘들다는 단점이 있어요.	장점과 단점을 모두 고려했을 때 치과 의사라는 직업에 얼마나 관심이 있나요?	☆☆☆☆☆	/ 5
필요 능력	치과 의사는 ( ), 분석력, 의사소통 능력, 예술적 감각이 필요합니다.	치과 의사가 되기 위해 필요한 능력을 얼마나 갖추고 있나요?	☆☆☆☆☆	/ 5
되는 방법	치과 의사가 되려면 치의학과에 진학해야 해요. 이를 위해서는 중·고등학교 때 자연 계열, 즉 수학이나 ( )을 열심히 해야 해요.	치과 의사가 되기 위한 공부를 하는 데 얼마나 관심이 있나요?	☆☆☆☆☆	/ 5

치과 의사 적합도(총점) : / 25

직업 적합도 평가 방법

❶ 직업 사전의 항목을 꼼꼼히 읽어 보세요.

❷ 직업 적합도 항목을 읽고 해당하는 만큼 별표를 색칠해 주세요.

　　0개 : 전혀 없음　　　1개 : 거의 없음　　　2개 : 조금 있음

　　3개 : 보통　　　　　4개 : 많음　　　　　5개 : 아주 많음

❸ 별 1개당 1점으로 계산하여 점수를 적어 넣으세요.

❹ 평가 기준(총점)

총점	적합도	목표 직업으로 삼을 경우 고려할 점
21~25	매우 높음	직업 적합도가 매우 높습니다. 이 직업을 목표로 삼고 필요한 능력을 꾸준히 개발하도록 합니다.
16~20	높음	직업 적합도가 높습니다. 적합도 점수가 낮은 부분을 중심으로 보완하도록 합니다.
11~15	보통	직업 적합도가 보통입니다. 꾸준히 관심을 가지고 이 직업에 대해 알아보도록 합니다.
0~10	낮음	직업 적합도가 낮습니다. 해당 직업과 함께 다른 직업의 정보도 함께 알아보도록 합니다.

교사와 학부모를 위한 가이드
적성 & 진로 지도

이렇게 지도하세요

치과 의사는 환자를 많이 접하기 때문에 타인에 대한 배려심이 있어야 하고, 사람들과 접촉하는 데에 거부감이 없는 대인 지향형이고 사교적인 자녀에게 추천할 수 있습니다. 환자를 치료하기 위해서는 좁은 입속을 살피는 일이 많고 무엇보다 도구나 장치를 이용해 치료하기 때문에 인내심이 있고 꼼꼼한 성향이 필요합니다.

또한 조금이라도 실수를 하면 환자에게 큰 손상을 입힐 수 있기 때문에 책임감이 강해야 하며, 도구, 조종 장치를 다루는 정교한 손동작과 고도의 집중력이 필요합니다. 자녀가 한 가지 일에 몰두하는 성향인지 파악하고 집중력과 인내심을 기르는 연습이 필요합니다. 요즘은 과거와는 달리 치과 치료가 구강 질환의 치료 외에도 교정, 보철, 미백 등 아름다워지기 위한 심미적 치료가 늘고 있는 추세이기 때문에 비례 감각이나 예술적 감각도 필요합니다. 그렇기 때문에 예술적 감각을 개발시켜 줄 수 있는 다양한 활동도 도움이 됩니다.

학습 설계(중점 과목)	
구분 I	구분 II
국어, 영어, **수학**	사회, **과학**, 예체능

활동 설계(관련 활동)	
동 아 리	화학·생물 연구반, 실험반, 봉사 동아리
독 서	《소설 동의보감》《나는 외과 의사다》《환자가 된 의사들의 좌충우돌 투병기》《닥터 노먼 베쑨》《의학적 상상력의 힘》《내 몸 사용 설명서》《시골의사의 아름다운 동행》
기 타	의료 봉사 활동, 교내 건강 검진 도우미 활동, 장애인 돕기 봉사 활동

꼭 알아 두세요

치과 의사는 사람의 치아, 턱, 잇몸 등의 질병 및 질환을 진단하고 치료하는 것뿐 아니라 더 이상 질병이 생기지 않도록 예방하는 일까지 담당합니다. 따라서 기본적으로 자녀가 사람의 인체 구조나 구강 구조 등 의학 분야에 관심이 있어야 하며, 이와 함께 과학적인 지식과 호기심을 동시에 가지고 있어야 이 직업에 적합합니다.

교사와 학부모를 위한 가이드
직업 체험 활동

서울대학교 치의학박물관 관람

서울대학교 치의학박물관에는 어린이 치과박물관이 있어요. 그곳에 있는 각종 치과 의료 기기, 약품, 문서 등을 살펴보면 치의학의 역사와 치의학과 관련된 정보를 얻을 수 있어요. 또한 체험 학습을 통해 정확한 구강 건강의 정보와 지식을 배울 수 있습니다.

한국잡월드 체험

한국잡월드에 방문하면 아이들이 직접 치과 의사가 되어 직업 세계를 체험해 볼 수 있어요. 그러한 활동을 통해 치과 의사에 대한 이해를 넓히고 적성에 맞는 미래를 설계할 수 있습니다.

치의학 관련 서적 읽기

　치과 의사에 대한 관심은 치의학의 이해로부터 시작됩니다. 아이들 눈높이에 맞춘 서적을 선별해 치아의 구조, 생김새, 기능 등을 친숙하게 알려 주어 치의학에 대한 이해를 돕습니다.

추천 사이트

　　대한치과의사협회　　http://www.kda.or.kr
　　서울대학교 치의학박물관　　http://www.dentmuseum.or.kr
　　대한구강보건협회　　http://www.dental.or.kr
　　한국보건의료인국가시험원　　http://www.kuksiwon.or.kr
　　보건복지가족부　　http://www.mw.go.kr

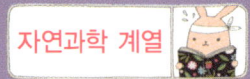

조향사

Step 1 조향사 이야기

보이지는 않지만 사람의 마음을 편안하게 해 주고 기분 좋게 해 주는 것이 있습니다. 음식에도 있고, 꽃에도 있고, 사람에게도 있지요. 바로 냄새입니다. 냄새 중에서도 좋은 냄새를 향기라고 하는데, 향기를 맡으면 나도 모르게 기분이 좋아집니다.

그럼 이러한 향기를 만드는 사람은 누구일까요? 바로 조향사입니다. 향기를 만든다는 것이 참 신기하지요? 이제부터 조향사에 대해 자세히 알아 볼까요?

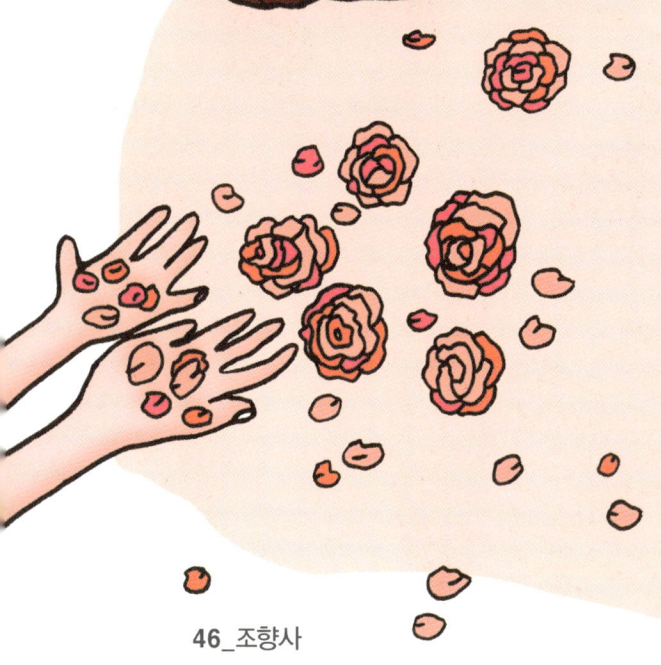

향을 맡고 있는 조향사

조향사의 연구실

향을 조합하고 있는 조향사

Step 2

역사 속 직업 이야기

향수와 조향사

봄이면 살랑살랑 불어오는 바람과 함께 바람에 실려 온 꽃향기를 맡아 본 기억이 있을 것입니다.

좋은 향은 호르몬의 분비를 촉진시켜 우울하거나 짜증났던 기분을 서서히 풀어 주는 역할을 하지요.

자연적인 향 외에도 향수나 샴푸, 목욕 용품 속에서도 좋은 향을 맡을 수 있습니다. 이렇게 좋은 향기를 만들어 제품의 가치를 높여 주는 사람이 바로 조향사입니다.

그렇다면 사람들은 언제부터 향수를 사용했을까요?

향수의 어원인 라틴 어 'per fumum'은 '연기를 통한다'는 의미를 담고 있습니다. 처음부터 멋을 내기 위해 향수를 사용한 것은 아니에요. 맨 처음 향수는 종교적 의식에서 신과 인간을 이어 주는 도구로 사용됐습니다.

지금으로부터 5000년 전, 고대 사람들은 신을 거룩하게 여겼기 때문에 신에게 제사를 지낼 때 몸을 청결하게 유지했고 향기가 나는 나뭇가지를 태워 향을 피우고, 향나무 잎으로 즙을 내어 몸에 발랐다고 합니다. 이렇게 종교 의식에 사용되던 향수는 이집트를 거쳐 그리스, 로마로 퍼지면서 귀족들의 기호품이 되었어요.

근대적 의미의 향수는 1370년경 헝가리 왕비 엘리자베트를 위해 만들어진 '헝가리 워터'로 이것은 증류 향수이며 최초의 알코올 향수입니다. 그 뒤 1508년 이탈리아의 피렌체에 있는 성 마리베라의 도미니크회 수도사가 향료 조제용 아틀리에를 개설해 유리 향수를 제조하면서부터 전성기를 맞게 되었지요.

1533년에는 피렌체의 명문 메디치 가문의 딸 카트린 드 메디시스와 프랑스의 앙리 2세가 결혼하면서 그녀의 조향사인 비앙코가 프랑스 파리로 건너가 향료·향수 가게를 열었는데 이것이 최초의 향수 전문점입니다.

19세기 중엽에 이르러서는 산업화의 진전과 더불어 화학 합성 향료가 개발되면서 향수의 대량 생산이 이루어졌어요. 이전까지는 천연 향료만을 사용했기 때문에 향료와 향수는 귀족이나 부유한 상인만 사용할 수 있었지만 합성 원료의 등장으로 향료·향수의 대중화가 이루어진 것이지요. 특히 자크 겔랑이라는 조향사에 의해 대중화가 급속도로 이루어졌는데 자크 겔랑은 조향사 전문학교를 만들기도 했습니다.

향수와 조향사의 역사까지 알아 보니 조향사에 대해 더 관심을 갖게 되었나요? 이제부터 조향사가 어떤 일을 하는지 자세히 알아보기로 해요.

조향사는 어떤 사람일까?

Step 3

보이지 않는 액세서리, 향을 만들어 내는 창조자

조향사는 각종 향기와 냄새를 혼합하여 새롭고 독특한 향을 만들어 내는 전문가입니다.

여러분은 좋은 향기를 맡으면 어떤 느낌이 드나요? 좋은 향은 나 자신뿐 아니라 주변 사람들에게도 좋은 영향을 주어 사람들에게 호감을 얻을 수 있고 대인 관계를 좋게 만들어 줍니다.

조향사는 향수뿐 아니라 샴푸, 목욕 용품, 치약, 음료, 과자 등 다양한 제품의 향을 만들어요. 향을 가진 여러 가지 원료를 배합해 기존에 없는 새로운 향을 만들어 내고 이 향의 인상을 구체화시켜 상품에 적용합니다.

어떤 향기를 맡았을 때 특정 제품을 떠올리는 것도 향이 인상을 만들어 내기 때문이에요. 향기를 만들어 내는 조향사에게 가장 필요한 것은 바로 예민한 후각입니다. 향기를 만들기 위해서는 다양한 원료의 향을 하나하나 맡아 보고 기억한 뒤 그 향들을 조합하여 새로운 향을 만들어 내야 하기 때문이지요. 이렇게 조향사는 사람뿐 아니라 상품의 품질과 가치를 높여 주는 창조자랍니다.

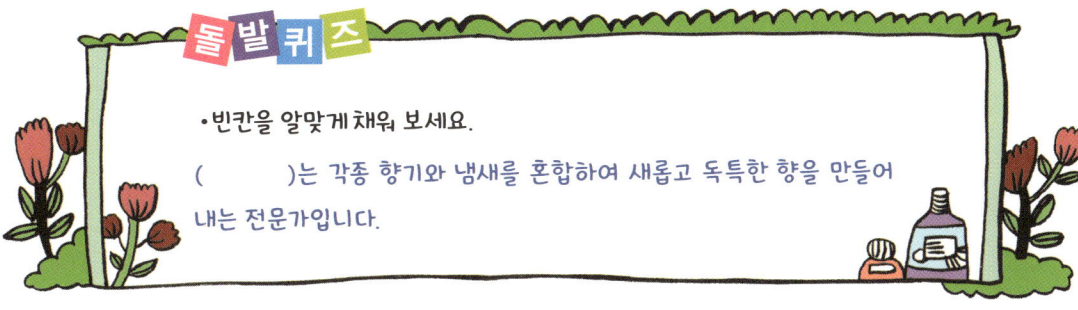

• 빈칸을 알맞게 채워 보세요.

(   )는 각종 향기와 냄새를 혼합하여 새롭고 독특한 향을 만들어 내는 전문가입니다.

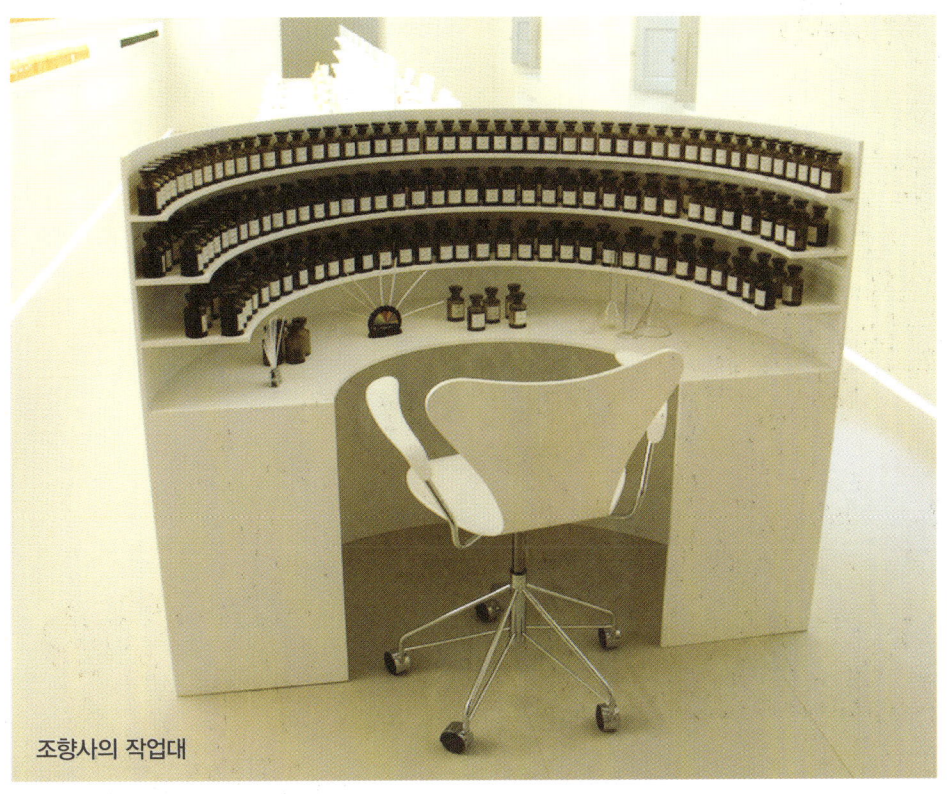

조향사의 작업대

Step 4

조향사는 무슨 일을 할까?

 길을 가다 보면 수많은 사람을 스쳐 지나가게 되고 그만큼 많은 향기를 맡게 됩니다. 향이라는 것은 사람과 제품의 인상을 형성해 사람들에게 호감을 주는 역할을 하지요.

 조향사는 시장 조사를 통해 제품의 콘셉트를 정하고 다양한 원료를 조합하여 제품에 맞는 향을 만들어 내는 일을 해요.

▌시장 조사를 향이 들어갈 제품을 통해 콘셉트를 정해요

향을 만드는 조향사는 시중에 나올 향수나 제품에 향을 입히는 일을 합니다. 이때 기존에 존재하는 향을 사용하면 제품의 차별성을 나타낼 수 없어요. 그래서 조향사는 제품에 맞는 새로운 향을 만들기 위해서 우선 시장 조사를 합니다. 경쟁 제품을 꼼꼼하게 조사하고 소비자가 좋아하는 향이 무엇인지 파악하지요. 아기가 쓰는 로션에 향을 입힐 때 너무 어른스럽거나 여성스러운 것은 어울리지 않으니까요. 이처럼 제품에 잘 맞고, 시중에 없는 독특한 향을 만들기 위해 조향사는 시장 조사를 통해 제품에 맞는 콘셉트를 정하는 일을 합니다.

▌원료를 선정하고 다양한 원료를 조합해요

향을 만드는 과정은 매우 복잡하고 신중한 작업입니다. 여러 가지 원료의 향을 일일이 맡아 가면서 향을 조합해야 하기 때문이에요. 또한 어떤 원료를 쓸 것인지 정하고 원료를 해외에서 구매해야 한다면 수입과 관련된 일도 해야 합니다.

정해진 원료에 향 에센스를 조합하고 알코올을 첨가하면 향이 훨씬 부드럽게 되지요. 또한 수백 가지의 향료에 블로터 스트립을 꽂아 보고 이것을 맡아 보는 작업을 셀 수 없을 만큼 해야 합니다.

> **Tip**
> **에센스** : 화장품, 비누, 양주, 주스, 과자 따위의 향을 내는 데 쓰는 식물성 물질을 말합니다.
> **블로터 스트립** : 향을 맡는 종이입니다.

만들어진 향을 평가하기 위해 품평회를 거쳐요

만들어진 향을 제품에 첨가하면 제품에 날개를 단 것처럼 제품의 가치가 훨씬 올라갑니다. 콘셉트에 맞는 향을 만들었다면 제품과 잘 어울리는지 평가를 해야 합니다. 단순히 원료를 섞는다고 해서 향이 바로 만들어지는 것은 아니에요. 한 제품이 출시되기까지는 매우 긴 시간이 필요하기 때문에 조향사는 제품이 출시되기까지 인내심을 가지고 긴 과정을 거쳐야 합니다.

제품과 향이 잘 어울리는지, 향이 이 제품의 가치를 높여 줄 수 있는지, 소비자의 반응은 좋을지, 여러 가지 사항을 고려하여 향을 평가하지요. 이렇게 평가를 거친 제품은 시중에 출시되어 소비자의 손에 들어가게 됩니다.

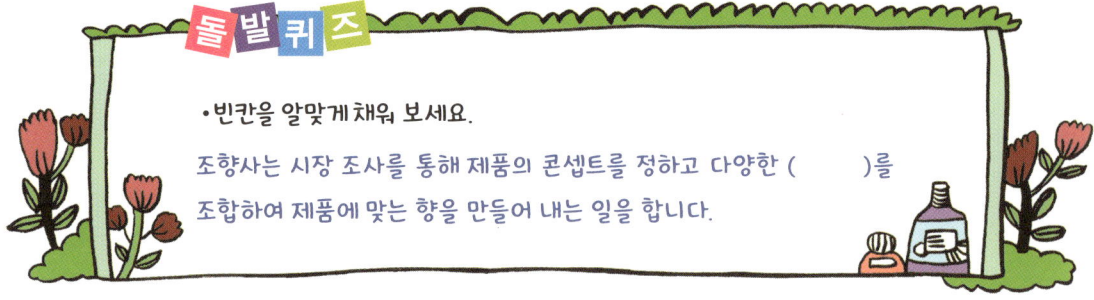

돌발퀴즈

- 빈칸을 알맞게 채워 보세요.

조향사는 시장 조사를 통해 제품의 콘셉트를 정하고 다양한 (　　　)를 조합하여 제품에 맞는 향을 만들어 내는 일을 합니다.

손님과 상담 중인 조향사

조향사가 만든 향이 들어간
각종 생활용품들

55

이집카에서 향수에 관한 수업을 하는 건물

〝세계적으로 유명한 향수 학교〞

프랑스 이집카(ISIPCA)
1828년 피에르 프랑수아 파스칼 겔랑이라는 사람이 프랑스 파리에 작은 향수 가게를 열었어요. 그 가게가 바로 지금의 유명한 브랜드 '겔랑'의 시초예요.
이후로 겔랑 가문은 대대로 향수 관련 사업을 하게 되었고 겔랑 가문의 일원인 자크 겔랑이 가문의 전통을 따라 1970년 베르사유에 조향사를 양성하는 학교를 설립했는데, 그것이 프랑스 이집카 학교예요. 처음에는 향수로만 특화된 학교였으나 화장품, 식용 향료 쪽으로도 과정을 넓히게 되었지요.
이 학교에서는 2년 동안 화학, 생물, 향료 관련 과목을 공부해요. 학기 중 반은 이론 교육을, 나머지 반은 향료 회사에서 실무 교육을 받도록 해서 실전에 응용할 수 있는 교육을 하는 것이 특징입니다.

또한 매번 시험을 통해 다양한 향을 익히게 해서 안 보고도 향을 알아 낼 수 있을 정도로 철저히 교육시키는 것으로 유명합니다. 프랑스 어를 못 하는 외국인 학생을 위해 영어로 진행되는 2년제 과정도 개설되어 있습니다.

" 여러 분야의 조향사 "

퍼퓨머(Perfumer)
향수나 샴푸, 치약, 목욕 용품, 방향제 등 제품에 어울리는 향을 만드는 사람입니다. 향기를 조합하는 일은 조향사의 오랜 경험과 훈련에 의해서 이루어지기 때문에, 제품에 향을 입히기 위해서는 상상력, 창의력, 세련된 감각과 개성이 필요합니다.

플래버리스트(Flavorist)
과자나 음료 같이 식품에 입힐 향을 만드는 사람입니다. 주로 식품 회사에 소속되어 일하는 경우가 많습니다.

조향사가 향을 입힌 각종 가공 식품들

직업 일기
조향사의 하루

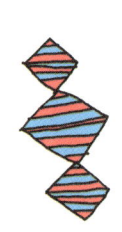

아직도 나는 내가 제일 처음 만들었던 향수의 향을 기억하고 있다. 어릴 때 시골에서 자란 나는 다양한 꽃 냄새와 풀 냄새를 맡으며 다니는 것이 취미였다. 그때까지만 해도 조향사라는 직업이 흔치 않았기 때문에 조향사를 꿈꾸어 왔던 것은 아니다. 하지만 나는 내 후각이 남다르다는 사실을 알고 있었기 때문에 내가 맡은 이 향기들을 가지고 나만의 향을 만들어 보고 싶다는 생각을 계속해 왔다.

조향사가 되어야겠다고 생각하면서 정말 열심히 공부했던 것이 생각난다. 내가 가진 후각 능력에 더하여 냄새를 익히는 후각 훈련을 계속해서 받았다. 또한 조향에 쓰이는 3000가지의 기본 향을 모두 공부하고 각각의 향을 구분하는 공부를 하면서 두통을 앓았던 것이 떠오른다.

이렇게 생각에 잠겨 있던 차에 어떤 손님에게 전화를 받았다. 자신만의 향수를 만들어 달라는 주문이었다. 손님을 만나 보기로 했다. 향수를 만들기 전에 그 손님의 체질과 손님의 인상에 맞는 향을 파악하는 것이 무엇보

다 중요하기 때문이다. 손님과 이야기를 나누다 보니 손님은 향수를 통해 자신의 어린 시절을 회상하고 싶어 한다는 것을 알았다. 향의 힘이란 이런 것이다. 과거를 불러올 수도 있는 힘.

 나는 손님의 이야기를 들으며 손님의 기억을 되살리기 위한 원료들을 선정했다. 원료를 선정하는 일은 쉽지 않기 때문에 나는 신중하게 고르고 조합을 시작했다. 정말 오랜 시간 동안 향을 조합하고 조합한 결과 내가 원하는 향이 나왔다. 이제 이 향을 손님에게 선보일 차례다. 두근두근, 두근두근. 손님이 좋아해야 할 텐데…….

 "향은 마음에 드시나요?"

 "제가 딱 원하던 향이네요. 정말 감사해요."

 그동안의 스트레스와 고생이 한 번에 씻겨 내려가는 느낌이었다. 정말 많이 연구해서 만든 보람이 있었다. 이런 짜릿함을 맛보기 위해서 내가 조향사 일을 계속하고 있는지도 모르겠다.

Step 5

조향사의
좋은 점 vs 힘든 점

좋은 점 : 자신이 만든 향을 좋아하는 사람들을 보며 보람을 느껴요

화장품이나 목욕 용품을 사러 갔을 때 내용물을 보지 않고도 먼저 느낄 수 있는 것이 있습니다. 바로 향이에요. 화장품을 바를 때, 머리를 감을 때, 목욕을 할 때, 좋은 향은 사람의 긴장감을 풀어 주고 마음을 안정시켜 주는 중요한 역할을 합니다. 그렇기 때문에 조향사는 자신이 만든 향을 좋아하는 사람들을 보면서 보람을 느낍니다.

또한 어떤 향을 맡으면 예전에 좋았던 기억이 되살아난다든가 향을 통해 어떤 인상이나 감정을 느낄 수도 있기 때문에 조향사는 사람들에게 좋은 기억을 선물한다는 뿌듯함을 느낄 수 있지요.

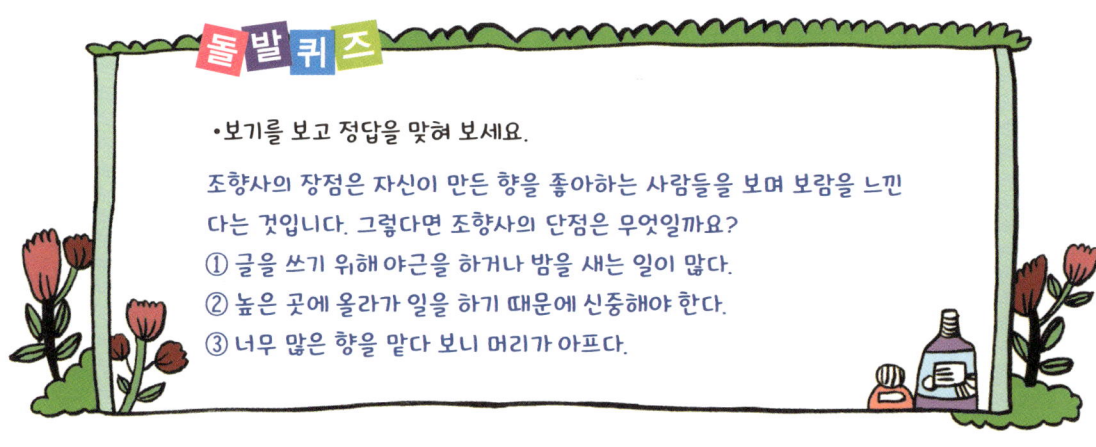

돌발퀴즈

• 보기를 보고 정답을 맞혀 보세요.

조향사의 장점은 자신이 만든 향을 좋아하는 사람들을 보며 보람을 느낀다는 것입니다. 그렇다면 조향사의 단점은 무엇일까요?
① 글을 쓰기 위해 야근을 하거나 밤을 새는 일이 많다.
② 높은 곳에 올라가 일을 하기 때문에 신중해야 한다.
③ 너무 많은 향을 맡다 보니 머리가 아프다.

힘든 점 : 너무 많은 향을 맡다 보니 머리가 아파요

조향사의 일 중 가장 중요한 것이 여러 가지 원료의 향을 일일이 맡아 보고 향을 조합해 새로운 향을 만들어 내는 일입니다. 그러다 보니 항상 여러 가지 향 때문에 머리가 아프고 향의 조합을 위해 신중하게 일하기 때문에 스트레스를 받을 수 있어요.

또한 좋은 향도 많지만 안 좋은 향을 가지고 작업할 경우 그 향이 몸에 밸 수 있고, 다른 사람에게까지 안 좋은 영향을 미칠 수 있어요.

Step 6

조향사는 어떤 능력이 필요할까?

기억력

조향사는 향료로 작업을 하는 사람이기 때문에 향료를 잘 다룰 줄 알아야 합니다. 제품에 쓸 향을 만들어 내는 일은 물론이고, 고객의 주문에 맞추어 향을 제조하는 일도 많기 때문에 수많은 향들을 다 기억하고 있어야 합니다.

창의력과 미적 감각

조향사는 말 그대로 향을 만들어 내는 사람입니다. 새롭게 만들 향의 콘셉트를 정하고 이에 어울리는 향을 만들어 내는 데 창의력은 필수입니다. 또한 콘셉트와 조화를 이루는 향을 만들어야 하기 때문에 콘셉트를 향으로 표현할 수 있는 미적 감각도 필요합니다.

• 알맞은 답을 고르세요.

조향사 일을 하는 데 다음 중 어떠한 능력이 가장 필요할까요?

① 신체 능력(후각)　　　② 정교함　　　③ 말하기

외국어

　조향과 관련된 전문 서적과 논문은 대부분이 영어로 되어 있고, 향료의 원료가 대부분 외국으로부터 수입되기 때문에 해외로 나갈 일이 많습니다. 그렇기 때문에 외국어 공부를 해 두는 것이 필요합니다.

신체 능력(후각)

　수많은 향들을 다 기억하고 식별해 내기 위해서는 평균 이상으로 예민한 후각이 필요합니다. 하지만 이것은 지속적인 훈련을 통해 개선시킬 수 있어요. 그래서 조향사는 후각이 손상되지 않도록 지속적으로 코에 대한 관리를 해 주어야 합니다.

조향사가 되기 위한 과정은?

Step 7

관련 자격증
(없음)

졸업 후
(향료 회사,
외국의 전문학교)

대학교
(식품공학과,
화학공학과)

중·고등학교
(일반 고등학교)

중·고등학교

향료를 다루는 일을 하기 때문에 화학적 지식이 꼭 필요합니다. 또한 우리나라보다는 외국에서의 활동 영역이 넓고 연구를 할 때 영어가 많이 쓰이기 때문에 영어를 열심히 공부해 놓는 것이 좋아요.

대학교

조향사와 관련된 학과로는 식품공학과와 화학공학과가 있습니다. 또한 전문대학의 향수화장품학과, 피부미용과, 향장공업과를 나오면 조향사가 되기 위한 교육을 받을 수 있지요.

졸업 후

대학 졸업 후 향료 회사에 입사하여 그 회사에서 자체적으로 실시하는 교육을 받고 조향사가 되는 방법이 있습니다. 그리고 외국의 전문학교에 입학해 전문 교육 과정을 이수한 후에 조향사가 될 수도 있습니다.

관련 자격증

특별히 요구되는 공인 자격증은 없어요.

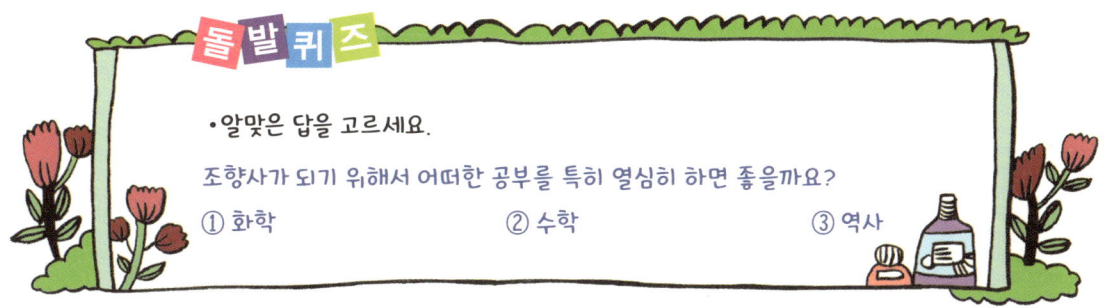

돌발퀴즈

• 알맞은 답을 고르세요.
조향사가 되기 위해서 어떠한 공부를 특히 열심히 하면 좋을까요?
① 화학　　　　② 수학　　　　③ 역사

직업 사전, 적합도 평가

조향사라는 직업이 나와 얼마나 어울릴까?

❖ (   ) 안에 돌발퀴즈의 답을 적어 넣으면 직업 사전이 완성됩니다.

조향사	직업 사전	직업 적합도		
		항목	평가	점수
정의	( )는 각종 향기와 냄새를 혼합하여 새롭고 독특한 향을 만들어 내는 전문가입니다.	조향사라는 직업 자체에 얼마나 흥미가 있나요?	☆☆☆☆☆	/ 5
하는 일	조향사는 시장 조사를 통해 제품의 콘셉트를 정하고 다양한 ( )를 조합해 제품에 맞는 향을 만들어 내는 일을 합니다.	조향사가 하는 일에 얼마나 흥미가 있나요?	☆☆☆☆☆	/ 5
장단점	조향사는 자신이 만든 향을 좋아하는 사람들을 보며 보람을 느낄 수 있다는 장점이 있어요. 하지만 너무 많은 향을 맡다 보니 ( ), 향의 조합을 위해 신중하게 일하기 때문에 스트레스를 받는다는 단점이 있습니다.	장점과 단점을 모두 고려했을 때 조향사라는 직업에 얼마나 관심이 있나요?	☆☆☆☆☆	/ 5
필요 능력	조향사는 기억력, 창의력, 미적 감각, 외국어, ( )이 필요합니다.	조향사가 되기 위해 필요한 능력을 얼마나 갖추고 있나요?	☆☆☆☆☆	/ 5
되는 방법	조향사는 ( )에 대한 관심이 많아야 합니다. 많은 조향사가 화학공학과, 식품공학과 등에 진학해 조향사가 되기 위한 공부를 하고 있습니다.	조향사가 되기 위한 공부를 하는 데 얼마나 관심이 있나요?	☆☆☆☆☆	/ 5

조향사 적합도(총점) :   / 25

직업 적합도 평가 방법

❶ 직업 사전의 항목을 꼼꼼히 읽어 보세요.

❷ 직업 적합도 항목을 읽고 해당하는 만큼 별표를 색칠해 주세요.

0개 : 전혀 없음　　　1개 : 거의 없음　　　2개 : 조금 있음

3개 : 보통　　　　　4개 : 많음　　　　　5개 : 아주 많음

❸ 별 1개당 1점으로 계산하여 점수를 적어 넣으세요.

❹ 평가 기준(총점)

총점	적합도	목표 직업으로 삼을 경우 고려할 점
21~25	매우 높음	직업 적합도가 매우 높습니다. 이 직업을 목표로 삼고 필요한 능력을 꾸준히 개발하도록 합니다.
16~20	높음	직업 적합도가 높습니다. 적합도 점수가 낮은 부분을 중심으로 보완하도록 합니다.
11~15	보통	직업 적합도가 보통입니다. 꾸준히 관심을 가지고 이 직업에 대해 알아보도록 합니다.
0~10	낮음	직업 적합도가 낮습니다. 해당 직업과 함께 다른 직업의 정보도 함께 알아보도록 합니다.

Step 8

교사와 학부모를 위한 가이드
적성 & 진로 지도

이렇게 지도하세요

　조향사는 각종 향기와 냄새를 혼합해 새롭고 독특한 자기만의 향을 만들어 내는 전문가입니다. 향을 혼합하는 일을 주로 하기 때문에 기본적으로 자녀가 향에 대한 관심이 있어야 하고, 이와 함께 과학 특히 화학에 대한 호기심을 가지고 있는 자녀에게 적합합니다. 향과 관련된 직업이기 때문에 뛰어난 후각과 미적 감각이 요구됩니다. 후각 기관에 질환으로 인해 냄새를 잘 못 맡는 자녀에게는 적합하지 않으며, 천연 향료와 합성 향료를 조합해 제품에 향을 입히는 일을 하기 때문에 향에 대한 전문 지식을 쌓는 것이 중요합니다.

　주로 접하는 대상이 사람보다는 향수나 제품을 만드는 사물이기 때문에 대인 지향형보다는 사물 지향형인 자녀에게 추천할 수 있습니다. 하나의 향을 만들어 내기 위해서는 몇 백 가지의 향료를 맡아 가면서 향을 혼합해야 하기 때문에 인내심과 지구력을 가진 자녀에게 유리합니다.

　업무 시간 내내 향을 다루다 보니 조금이라도 실수를 하면 향이 변해 버리는 부담감을 안고 있으므로, 고도의 집중력과 인내심, 정교한 손동작이 필요합니

학습 설계(중점 과목)	
구분Ⅰ	구분Ⅱ
국어, 영어, 수학	사회, 과학, 예체능

활동 설계(관련 활동)	
동 아 리	미술반 활동, 과학 동아리
독　　서	《천연화장품 DIY》《과학으로 풀어쓴 식품과 조리원리》《공학에 빠지면 세상을 얻는다》《MT 화학》
기　　타	다양한 제품의 향을 맡아보는 연습, 향수병 디자인해 보기

다. 자녀가 한 가지 일에 몰두하는 성향인지 파악하고, 그러한 성향이 부족하다면 이에 대한 연습을 시켜 능력을 향상시킬 수 있도록 지도합니다.

꼭 알아 두세요

미술과 과학이 만나는 직업적 특성을 가지고 있으므로 양 측면의 지식과 관심을 동시에 키워 주는 것이 중요하며, 향을 가진 제품, 특히 향수 같은 경우는 하나의 예술품이라고 말할 수 있을 정도로 완성도가 높은 제품이기 때문에 예술적 감각 개발을 위한 다양한 활동을 함께 하도록 합니다. 직업 환경은 동적인 환경보다는 정적인 환경, 실외보다는 실내 활동이 주를 이루므로 이를 선호하는 자녀에게 추천할 수 있습니다.

교사와 학부모를 위한 가이드
직업 체험 활동

허브아일랜드 관람

  허브는 향을 내는 식물로서 화장품, 생활용품, 차 등의 원료로 다양하게 쓰여요. 다양한 원료가 되는 허브의 향을 맡아 보고 구분해 보면서 어떤 향을 조합하면 좋을지 생각해 볼 수 있는 시간을 가질 수 있어요.

천연 화장품 만들기 체험

  천연 화장품을 만들기 위해서는 향도 중요하지만 다양한 재료가 필요합니다. 천연 화장품 만들기를 직접 체험하면서 재료의 혼합과 향의 첨가로 인해 제품이 완성되는 과정을 배웁니다.

생활 주변의 향기 탐색하기

생활에서 쉽게 접할 수 있는 샴푸, 섬유 유연제나 과일, 꽃 등의 향기를 맡아 보고, 이에 대한 자신의 느낌과 어떤 향이 서로 어울리는지 기록해 봅니다. 다양한 향기를 접하고 이를 자신만의 표현으로 정리해 보는 과정을 통해 조향사가 다루는 향기에 대해 더욱 잘 이해할 수 있습니다.

추천 사이트

대한화장품협회　http://www.kcia.or.kr
식품의약안전처　http://www.mfds.go.kr
어린이 환경과 건강포털 케미스토리　http://www.chemistory.go.kr
허브아일랜드　http://www.herbisland.co.kr

치과 의사

23쪽_ 치과 의사　　　　　27쪽_ 치과 질환
33쪽_ ❸번　　　　　　　35쪽_ ❶번
37쪽_ ❶번
38쪽(직업 사전)_ 치과 의사, 치과 질환, 무서워하는 환자,
　　　　　　　　정교함, 과학

조향사

51쪽_ 조향사　　　　　　54쪽_ 원료
61쪽_ ❸번　　　　　　　63쪽_ ❶번
65쪽_ ❶번
66쪽(직업 사전)_ 조향사, 원료, 머리가 아프고, 신체 능력(후각), 과학

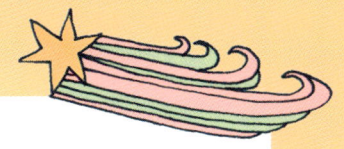

사진 자료

중앙포토 19p(구강 보건의 날 무료 진료를 하고 있는 치과 의사), 55p(손님과 상담 중인 조향사)

연합뉴스 47p(향을 맡고 있는 조향사), 47p(향을 조합하고 있는 조향사)

디자인캠프 55p(조향사가 만든 향이 들어간 각종 생활용품들), 57p(조향사가 향을 입힌 각종 가공 식품들)

전소영 56p(이집카에서 향수에 관한 수업을 하는 건물)

위키백과(Official Navy Page) 19p(환자를 치료하는 치과 의사)

위키백과(Jorge Barrios) 19p(치아 교정을 위해 치아에 보철을 시술한 모습)

위키백과(Werneuchen) 28p(보철물을 만드는 치과 기공사)

위키백과(BrokenSphere) 47p(조향사의 연구실)

위키백과(Taco Ekkel) 51p(조향사의 작업대)